16	3	2	13
5	10	11	8
9	6	7	12
4	15	14	1

Hilda Machado

NUVENS

Apresentação de Ricardo Domeneck

editora■34

EDITORA 34

Editora 34 Ltda.
Rua Hungria, 592 Jardim Europa CEP 01455-000
São Paulo - SP Brasil Tel/Fax (11) 3811-6777 www.editora34.com.br

Copyright © Editora 34 Ltda., 2018
Nuvens © Herdeiros de Hilda Machado, 2018

A FOTOCÓPIA DE QUALQUER FOLHA DESTE LIVRO É ILEGAL E CONFIGURA UMA
APROPRIAÇÃO INDEVIDA DOS DIREITOS INTELECTUAIS E PATRIMONIAIS DO AUTOR.

Imagem da capa:
Leonilson (1957, Fortaleza - 1993, São Paulo)
São Paulo não é nenhuma Brastemp, *1992 (detalhe)*
Tinta de caneta permanente sobre papel, 18 x 12,5 cm
Foto: Eduardo Ortega / © Projeto Leonilson

Capa, projeto gráfico e editoração eletrônica:
Bracher & Malta Produção Gráfica

Revisão:
Cide Piquet, Danilo Hora, Ricardo Domeneck

1ª Edição - 2018 (1ª Reimpressão - 2022)

CIP - Brasil. Catalogação-na-Fonte
(Sindicato Nacional dos Editores de Livros, RJ, Brasil)

Machado, Hilda, 1951-2007

M339n   Nuvens / Hilda Machado; apresentação
de Ricardo Domeneck — São Paulo: Editora 34,
2018 (1ª Edição).
96 p.

ISBN 978-85-7326-690-0

1. Poesia brasileira contemporânea.
I. Domeneck, Ricardo. II. Título.

CDD - 869.1B

NUVENS

Apresentação, Ricardo Domeneck 7

O nariz contra a vidraça 21
Um homem no chão da minha sala 23
Azul 25
O cineasta do Leblon 27

NUVENS

Cabo Frio 33
410 35
Paineiras I 37
Paineiras II 39
Paineiras III 41
Paineiras IV 43
Paineiras V 45
Nuvem 47
Gerais 49
Tai chi chuan 51
Teresópolis 53
Impossibilidades 55

Poeta 57
Yemanjá 59
Descobrimento 61
O homem do mar 63
Pisciano 65
Sagitariana 67
Ressaca 69
O homem rico 71
Brochada 73

Penetração nas maravilhas da totalidade 75

Analista 77

Miscasting 79

APÊNDICE

As amargas sim 85

Sou 89

Encontro 91

[Sem título] 93

Sobre a autora 95

HILDA MACHADO:
MISCAST NO ELENCO DA NOVELA

Ricardo Domeneck

Em seu romance *Os detetives selvagens* (1998), Roberto Bolaño leva suas personagens Arturo Belano e Ulises Lima ao deserto de Sonora, no México, em busca de uma poeta, Cesárea Tinajero, de quem conheciam um único poema. Mas aquele poema bastava. Era um bote salva-vidas. Para mim, a carioca Hilda Machado, mulher de carne e osso, também foi por anos uma espécie de Cesárea Tinajero. Tudo começou em 2004 em um número da revista *Inimigo Rumor*, editada por Carlito Azevedo, no qual li um poema dessa autora que eu desconhecia por completo. O poema intitulava-se "Miscasting". A palavra é inglesa: *mis·cast*. 1. *To cast in an unsuitable role*. 2. *To cast (a role, play, or film) inappropriately*. Ou seja: quando ator e papel não combinam. Quando o ator não está preparado ou não é ideal para aquele papel. Não fomos todos um pouco *miscast* em nossos próprios papéis, em nossa novela que às vezes parece interminável?

Hilda Machado começa seu poema: "estou entregando o cargo/ onde é que assino". E daí em diante, de petardo em petardo, inadequada para o papel ou inadequado o próprio papel que a obrigaram a representar, vai acusando a si mesma e ao galã da sua novela pessoal. Mas também a seus colegas coadjuvantes e ao autor-deus da novela. Impugna a novela toda. Se o humor flutua na poesia brasileira, voltando aqui e ali em paródias e piadas, o que ocorre neste poema de Hilda Machado é mais raro entre nós. É um sarcasmo que punge, é um soco contra o próprio peito, é gargalhada autodepreciativa, de quem busca paliativo ferindo a si mesmo. Sofre e ri. Ri porque sofre. "Feliz ano novo/ bem vindo outro/ como é que abre esse champanhe/ como se ri", pergunta Hilda Machado. Quis imediatamente ler mais, conhecer a autora. Planejava em algum momento encontrá-la, pedir por outros botes salva-vidas como aquele "Miscasting". Foi por delicadeza que perdi a chance. Não escrevi a ela. Não a procurei a tempo. Em 2007, sabendo o quanto aquele poema havia se tornado importante para mim, a poeta e editora Marília Garcia me escreveu com a informação de que Hilda Machado havia morrido. Algum tempo mais tarde, ouvi de Carlito Azevedo que ela mesma escolhera a hora, a data e o local de sua morte: o suicídio em São Paulo a 2 de setembro de 2007.

Hilda Machado nasceu no dia 7 de março de 1951. Com um mestrado em Artes pela Universidade de São Paulo (1987) e doutorado em História Social pela Universidade Federal do Rio de Janeiro (2001), a poeta-cineasta lecionava na Universidade Federal Fluminense, trabalhando na área de pesquisa e realização cinematográficas. Estudou cinema em Cuba e atuou como pesquisadora do uso da imagem na história junto à coleção fotográfica do Warburg Institute, da Universidade de Londres, além ter de passagens como pesquisadora por várias universidades e instituições no Brasil e exterior. Em 1987 recebeu o prêmio de melhor direção nos festivais de cinema de Gramado, Recife e Rio de Janeiro pelo curta-metragem *Joílson marcou*. Além de inúmeros artigos e ensaios sobre cinema, publicou em 2002 *Laurinda Santos Lobo: artistas, mecenas e outros marginais em Santa Teresa* (Rio de Janeiro, Casa da Palavra, 2002). Hilda Machado foi presa em 1978 pela Ditadura Militar.

Ezra Pound escreveu que a memória era um dos melhores testes para um poema, e chegava a listar aqueles que permaneciam em sua memória anos ou décadas após a primeira leitura. Foi o homem, afinal, que declarou que *só a emoção perdura.* "Miscasting" permaneceu em minha memória com sua carga emocional unida à qualidade intrínseca do poema, pois condensação linguística e emotiva estão interligadas neste poema de linguagem aparentemente coloquial, em tom de conversa, mas que microfilma imagens e gonga-se em *self-deprecation* numa sonoridade que se escamoteia e adensa em versos como: "mas o cavaleiro de espadas voltou a galope/ armou a sua armadilha/ cisco no olho da caolha/ a sua vitória de Pirro" ou "oh céu brilhante do exílio/ que terra/ que tribo/ produziu o Teatrinho Troll colado à minha boca". Aquele "cisco no olho" que se condensa em "caolha", num jogo isomórfico-semântico, e a música da "terra" (*ea*) e da "tribo" (*io*) unindo-se num "teatrinho" (*ea + io*).

Costumamos destacar a musicalidade em um poema apenas quando ela se manifesta de maneira explícita, por meio de repetições, assonância e aliteração. O mesmo se dá com a discussão de certa ideia de coloquial ou oralidade na poesia. Ainda está por ser escrita a crítica do papel da oralidade e aspectos sonoros, por exemplo, na obra do antimúsico João Cabral de Melo Neto, o autor dos poucos "poemas para vozes" oficiais da moderna poesia brasileira, influência da literatura de cordel em sua poesia. Outra coisa a ser debatida é o suposto "coloquial" de certa poesia nacional. O crítico norte-americano Hugh Kenner escreveu, a propósito do trabalho de William Carlos Williams (este defensor da criação de uma prosódia americana para a poesia em língua inglesa, numa pesquisa similar à de modernistas brasileiros como Manuel Bandeira), que "a arte ergue e retira o dizer da zona das coisas ditas". No trabalho de muitos poetas, o "coloquial" serve como superfície de naturalidade para o artifício formal, parte da pesquisa poética de autores como Williams, Brecht ou Bandeira. Podemos até nos imaginar dizendo alguns dos versos desses autores em uma conversa que ocorra em uma situação de forte carga emocional, como também preconizou Pound ("nothing that you couldn't, in some circunstance, in the stress of some emotion, actually say"). Hilda Machado usa recursos parecidos, em poemas que pedem a voz alta do leitor, mas nos quais a escrita tesa se faz presente, garantindo que o poema não se dissolva em mera saliva confessional. Como se, em meio a uma briga, contássemos as palavras antes de dizê-las, pensássemos no som de cada sílaba, apenas para tornar a ofensa ao outro ainda mais eficiente.

A decisão de buscar outros poemas de Hilda Machado veio de tantas releituras daquele "Miscasting", no qual a autora se mostrava claramente uma poeta de mão firme. E não são poucas as histórias de autores que têm seus trabalhos destruídos ou perdidos após sua morte se não alcançaram reconhecimento em vida. Foi assim que certamente perdemos outros poemas de Sapateiro Silva, Joaquim de Sousândrade, Francisca Júlia e Pedro Kilkerry, por exemplo. A publicação de *Nuvens* é o resultado desta busca. Ele reúne os poemas que Hilda Machado deixou enfeixados num manuscrito e vem ao fim de um pequeno périplo. Em 2009, no segundo número da revista *Modo de Usar & Co.*, que eu vinha editando com Angélica Freitas, Fabiano Calixto e Marília Garcia, publicamos outros poemas que Hilda enviara a Carlito Azevedo e que ele gentilmente nos cedeu. Assim, a obra poética de Hilda Machado cresceu, publicamente, de dois para onze poemas. Aos poemas "Miscasting" e "Cabo Frio" vieram se unir "O cineasta do Leblon", "O nariz contra a vidraça", "Azul", a série de poemetos sobre Paineiras no Rio de Janeiro e, por fim, "Nuvem". Todos incluídos neste volume.

Naquele mesmo ano, contactei pela primeira vez a família de Hilda Machado, perguntando se mais poemas haviam sido encontrados. Sua irmã, Angela Machado, teve um papel crucial para que este livro agora chegue aos olhos dos leitores brasileiros. Foram muitas mensagens trocadas. A existência de Hilda Machado como poeta era secreta. Quase ninguém sabia que ela escrevia poesia. O próprio Carlito Azevedo conseguiu aquele arquivo por insistência. Foi assim, com o apoio de Angela Machado e mais tarde de Cide Piquet, da Editora 34, que se fez possível a publicação desse livro que agora passa a fazer parte do elenco da poesia contemporânea do país.

É a primeira vez que colaboro na edição do livro de um autor que já nos deixou. Como respeitar sua vontade? Como saber o que publicaria? Estamos seguindo as pistas da própria autora, que registrou o manuscrito de *Nuvens* na Biblioteca Nacional em 1997, dez anos antes de sua morte, 21 anos antes desta publicação. Com título, epígrafe e índice, parece claro que a autora o via como livro pronto. Além dos poemas de *Nuvens*, selecionamos mais quatro a partir dos manuscritos da autora, por semelhança de tom e temática com os poemas do conjunto principal. Eles estão reunidos no "Apêndice" ao final do volume. Em um dos poemas inéditos de *Nuvens*, intitulado justamente "Poeta", Hilda Machado fala mais uma vez com sarcasmo ácido sobre a possível recepção de seu trabalho poético, mencionando outras três autoras mais velhas e mais conhecidas do que ela: Adélia Prado, Hilda Hilst e Orides Fontela. Ela as trata com luva de pelica. Mas não é contra elas que escreve, e sim contra a recepção de uma certa crítica machista da poesia brasileira, sempre pronta a comparar mulheres com mulheres, criando guetos e tentando manter assim seu Olimpo masculino intacto. Hilda chicoteia: "vai que algum amigo leia os versos poucos/ e deles só prestam mesmo uns quatro ou cinco/ e diga/ parece Adélia/ diluidora vagabunda me mato/ e a revolta?/ afinal não é tudo que parece Adélia/ da outra, a Hilst, nem é bom falar/ ou Orides/ praga/ que a minha inveja é só de mulher e absinto/ pra eu beber em cálice/ homem pra mim é sempre muso/ o pterodáctilo me agarra pelo pescoço e lá vou eu". Em seu primeiro livro, *Bagagem* (1976), Adélia Prado também trata desta ansiedade, como em seu "Todos escrevem um poema a

Carlos Drummond de Andrade", que se encerra com os versos: "Eu sou poeta? Eu sou?/ Qualquer resposta verdadeira/ e poderei amá-lo".

O trabalho de edição deste volume de Hilda Machado exigiu algumas decisões editoriais. Entre os poemas do arquivo registrado na Biblioteca Nacional e os do arquivo enviado a Carlito Azevedo por volta de 2004, há pequenas variações. Alguns cortes. Versos excluídos. Como foram feitas após o registro, consideramos que estas alterações representam a vontade final de Hilda Machado sobre tais poemas. Um exemplo dessas transformações está no poema que abre o volume, "O nariz contra a vidraça". No arquivo registrado pela autora em 1997 na Biblioteca Nacional, o texto traz outra disposição gráfica quando comparada com a versão enviada a Carlito Azevedo alguns anos mais tarde. O arquivo enviado à *Inimigo Rumor* foi modificado pela última vez por Hilda Machado no dia 11 de novembro de 2005. No arquivo de 1997, os versos são mais curtos, seu ritmo cortado, sincopado. Reproduzo abaixo as duas versões completas.

O NARIZ CONTRA A VIDRAÇA

Como a paisagem era terrível,
mandou se fechassem as janelas
o nariz contra a vidraça
e o fla-flu comendo lá fora
genocídios
promessas
plenilúnios
o festim de Nabucodonosor
a vitória dos pó-de-arroz
as dores do pai
e os gritos de amor
são agora aquarelas pitorescas

O nariz contra a vidraça
melhor ainda atrás da persiana
ela com seus preciosismos
unhas feitas entre desfiladeiros de livros
barricadas contra o sublime
e o medo

Discreta *voyeuse*
o sofá combinando com o tom das exegeses
a polidez dos móveis
avencas
decassílabos
filmes russos
perífrases sobre paninhos de crochet
e em vez de carne
poemas no congelador

Anônima
dizia sempre à manicure
e apesar das mãos que enrugam
as unhas bem curtas e o esmalte claro
por favor

Um dia
o leite derramado na cozinha
saiu
garras vermelhas
bateu à porta do vizinho

(1997)

O NARIZ CONTRA A VIDRAÇA

Como a paisagem era terrível
mandou se fechassem as janelas

o nariz contra a vidraça e o fla-flu comendo lá fora
genocídios, promessas, plenilúnios
O festim de Nabucodonosor, a vitória dos pó-de-arroz
as dores do pai e os gritos de amor
são agora aquarelas pitorescas

O nariz contra a vidraça
melhor ainda atrás da persiana
ela com seus preciosismos
unhas feitas entre desfiladeiros de livros
barricadas contra o sublime e o medo

Discreta *voyeuse*
o sofá combinando com o tom das exegeses
a polidez dos móveis, avencas, decassílabos, filmes russos
perífrases sobre paninhos de crochet
e em vez de carne poemas no congelador

Anônima, dizia sempre à manicure
e apesar das mãos que enrugam
as unhas bem curtas e o esmalte claro, por favor

Um dia, o leite derramado na cozinha, saiu
garras vermelhas, bateu à porta do vizinho

(2005)

No poema "Azul" temos uma alteração que vai na direção oposta. Os dois versos da versão de 1997, "jubiloso entendimento de almas velhas/ pântano doce", passam a ser três versos na de 2005, "jubiloso entendimento/ almas velhas/ pântano doce". Portanto, não nos parece que Hilda Machado pretendia fazer alterações como esta, no sentido de alongar os versos, em todos os poemas. Outra pista importante é o fato de que há poemas no arquivo de 2005 que mantiveram seu ritmo sincopado, com versos curtos.

O poema "Miscasting" tem algumas mudanças, e é o único caso em que Hilda Machado fez um corte. Ao contrário das reproduções de "O nariz contra a vidraça", mostraremos aqui, primeiro, a versão de uma estrofe tal qual a conhecemos, do arquivo de 2005, seguida pela estrofe no arquivo de 1997:

agora finalmente estou renunciando ao pacto
rasgo o contrato
devolvo a fita
me vendeu gato por lebre
paródia por filme francês
a atriz coadjuvante é uma canastra
a cena da queda é o mesmo castelo de cartas
o herói chega dizendo ter perdido a chave
a barba de mais de três dias

(2005)

agora finalmente estou renunciando ao pacto
rasgo o contrato
devolvo a fita
me vendeu gato por lebre
paródia por filme francês
a atriz coadjuvante é uma canastra
o tal remake é um compacto da última novela
a cena da queda é o mesmo castelo de cartas
quando o herói chegou dizendo ter perdido a chave
a barba de mais de três dias

(1997)

Entre as duas versões, Hilda Machado corta o verso "o tal remake é um compacto da última novela" e muda o verbo "chegar" do passado para o presente. A decisão foi a de manter consistência editorial ao optar pelo arquivo de 2005. Portanto, neste volume, todos os poemas que ocorrem nos dois arquivos seguirão a versão posterior.

O manuscrito traz textos inéditos como "Um homem no chão da minha sala", longo e pungente como os já conhecidos "Miscasting" e "O cineasta do Leblon". Em todos, a mescla entre os registros culto e coloquial forma e informa sua técnica de amálgama entre o lírico e o satírico. Aqui está o que considero sua excelente contribuição. Não há elitismo nem populismo. Hilda Machado parecia guiar-se pela palavra exata, quer fosse rara ou comum. Mas esta mescla de registros tem um efeito preciso de sátira também. Muitas vezes contra si mesma. Entre Rainer Maria Rilke e Roberto Carlos. Mas talvez sua índole e sensibilidade estejam mais entre Patrícia Galvão e Angela Ro Ro. Ou, nas palavras da poeta:

o sofá combinando com o tom das exegeses
a polidez dos móveis
avencas
decassílabos
filmes russos
perífrases sobre paninhos de crochet
e em vez de carne
poemas no congelador

Como incluirão Hilda Machado na historiografia literária nacional? É difícil saber. Por publicação, ela é contemporânea dos que estrearam no início deste século. Por idade, a poeta nasceu no mesmo ano em que Ana Cristina Cesar, escolhendo o mesmo fim duas décadas mais tarde. Mas Hilda Machado não é Ana Cristina Cesar, nem Adélia Prado ou Orides Fontela. Não é Paulo Leminski ou Waly Salomão, todos contemporâneos seus. Entrou no elenco de nossa novela para fazer o papel de Hilda Machado, e o fez para seu sofrimento e prazer, deixando-nos estes botes salva-vidas. Não ganhou Oscar de atriz principal ou coadjuvante. Nessa novela, não há Oscar, não há Urso de Prata, não há Kikito, ainda que a própria Hilda Machado tenha recebido um deles. Certa vez, alguém perguntou a Arnold Schoenberg se ele era Arnold Schoenberg. Sua resposta foi que alguém tinha de ser. No interior, diz-se em tom de elogio sarcástico: "Se você não existisse, teriam que inventar". Que bom não precisarmos inventar Hilda Machado. Ainda que *miscast*, ela fez seu próprio papel. Ou, como em seu poema: "compomos o obrigatório conflito/ de repetir com honestidade a velha trama/ até que ao fim do primeiro bimestre/ erra-se no açúcar/ escorrega-se na farsa/ e mudam-se todos para a novela das 7".

Berlim, setembro de 2017

NUVENS

"Aquele que escavar em sua consciência
até a camada do ritmo e flutuar nela
não perderá o juízo."
Nina Hagen-Torn

O NARIZ CONTRA A VIDRAÇA

Como a paisagem era terrível
mandou se fechassem as janelas
o nariz contra a vidraça e o fla-flu comendo lá fora
genocídios, promessas, plenilúnios
O festim de Nabucodonosor, a vitória dos pó-de-arroz
as dores do pai e os gritos de amor
são agora aquarelas pitorescas

O nariz contra a vidraça
melhor ainda atrás da persiana
ela com seus preciosismos
unhas feitas entre desfiladeiros de livros
barricadas contra o sublime e o medo

Discreta *voyeuse*
o sofá combinando com o tom das exegeses
a polidez dos móveis, avencas, decassílabos, filmes russos
perífrases sobre paninhos de crochê
e em vez de carne poemas no congelador

Anônima, dizia sempre à manicure
e apesar das mãos que enrugam
as unhas bem curtas e o esmalte claro, por favor

Um dia, o leite derramado na cozinha, saiu
garras vermelhas, bateu à porta do vizinho

UM HOMEM NO CHÃO DA MINHA SALA

Um homem no chão da minha sala
alonga sua raiz
galo que estufa o pescoço
cana-de-açúcar e bronze
poças, chuva, telha-vã
rio que escorre na velha taça empoeirada

O homem no chão da minha sala
cidades de ouro
castelos de mel
velhas metáforas
sinos línguas gelatina
O céu no chão da minha sala

Esse homem no chão da minha sala
provoca o veneno da cobra
pulgas atrás das orelhas
mexeu nos meus bibelôs
consertou aquela estante
revirou a roupa suja
desenterrou flores secas
fraldas
chifres
quatro cascas de ferida
um disco todo arranhado
e um punhado de pelos

Aquele homem no chão daquela sala
me fez cruzar o ribeirão dos mudos
estufa de tinhorões gigantes
no piso do meu mármore
ele acordou a doida
as quatro damas do baralho
uma ninfeta de barro
e a cadela do vizinho

Daquele homem no chão da minha sala
há meses não tenho notícia
desde que virei a cara
saltei janela
fugi sem freio ladeira abaixo
perdi o bonde
estraguei tudo

AZUL

Ricardo do céu
da cor do manto de nossa senhora
água-marinha
teto da fonte do Itajuru
capela Sistina
piscinas de fibra à beira da estrada
portão de escola
papel de Bis

Ricardo do céu
celeste como a cor das kombis velhas
sacos de lixo
fita do Bonfim
murmúrio de anjo
poema de Shelley
jubiloso entendimento
almas velhas
pântano doce
megatério de pelúcia

Ricardo III
que não quer um trono
riso de vilão a quem falam as musas
galeão afundado em mar de cromakey

Ricardo II
King of England

Ó meu rei
York já foi tão longe com essa pena
por quanto tempo mais encenar apenas
a dedicada serva e o péssimo senhor

Ricardo I
Coração de Leão
camisa aberta no peito
empada que desmancha no céu da minha boca
Ah! o aço temperado dessa espada
delícia das aflitas
peixe cru
escaravelho cravejado de turquesas
algumas opalas
lápis-lazúli

O CINEASTA DO LEBLON

O brilho de laranja ao sol
amendoeira rubra e pavão
oculta sobressaltos faustianos
encenam-se dramas na alma
suadas peripécias
lágrimas
mímesis
em sítios escusos está a mocinha raptada por um turco
e a nudez do missionário espancado
folheia-se uma antologia de acidentes
títulos afundam
e no lodo
personagens sem nome
e escândalos de fancaria

O comércio incessante
distrai das caudalosas sociologias do fracasso
idades do ouro perdidas
terror espetacular
recorta o esforço de colosso trágico
alçar-se acima da imensa massa de vencidos
violinos pela indesejada que fatalmente alcança e ceifa
carnaval exterior que é dublagem

Nos domingos de lua cheia
um infante sôfrego obriga a minuciosos tratados
miuçalhas

monopólio
asperezas
contrabando
e então
razias de corsário

na lua nova cruzo a cidade pra beijar a sua boca
transpor morros e encontrar a elevação
tropeça-se em pétalas de rosas
em trufas
visitas ao paraíso
as quartas-feiras são turvas
e trazem as penas do inferno
telefonemas seus
telefonemas meus
telefonemas da outra
e a ex
compomos o obrigatório conflito
repetir com honestidade a velha trama
até que ao fim do primeiro bimestre
erra-se no açúcar
escorrega-se na farsa
e mudam-se todos para a novela das 7

Homem da lua
fantasia de rudes hormônios
o bicho se coça
fervor marcial e bico de passarinho
cavalo rampante que rasga com as patas convenções de estilo
atravessa pontes queimadas
alcançou o vale feroz
terremoto maior que o de Lisboa arrasa cidadelas
afrouxa parafusos
e do colchão abala a mola-mestra

ouviu, carro?
tribos bárbaras desabam sobre a minha Europa
ouviu, montanha?
mudaram os livros que eu agora levo pra cama
antigas lendas fabulosas
uma grosseira rapsódia
cinco escritos libertinos
eu bebo como num banquete em Siracusa
e gozo como as prostitutas de Corinto
palmeira, ouviu?

NUVENS

CABO FRIO

Nuvens passageiras
miragens peregrinas enfunadas pelo Nordeste
queda de folhagem
muda retórica

O Sudoeste dá rédeas à repulsa
nuvens erráticas devoram rivais
Orfeu despedaçado por bacantes drapejadas de vapor

Em dia sem vento
a falta de engenho permite
purezas de sabão e macieiras em flor
talco no chão do banheiro
sorvete marca Aristófanes

Mas quase sempre ele pisa seus véus

Duas mãos de cinza desmaiado
sobre fundo esmaltado é perícia
renda
luxo magnífico e corrupto
realização elegante de algum mandarim
leque de plumas de avestruz tintas de rosa
levemente agitado diante da luz

410

rua Itapiru
bairro do Catumbi
nuvens em ponto de neve no azul consistente do céu

PAINEIRAS I

A fada fugiu no vento
deixou uma gaze esgarçada
nos braços abertos do cristo
estandarte esfarrapado
da guerra com os infiéis

PAINEIRAS II

Cirros
estratos
fumaça de serafins
coxas que passam em brancas nuvens

PAINEIRAS III

Floresta nublada
vaso de Gallé
arvoredo atrás de camadas de silêncio
aguadas

PAINEIRAS IV

O nimbo choveu no molhado
a floresta é uma gravura de Clarac
raios desdentados de sol medieval
ouro puro e leite

PAINEIRAS V

O Pão de Açúcar e seu toucado de arminho

NUVEM

babado de organdi
floco de algodão
carneirinho regredido
primeira comunhão

beleza que é o cúmulo

GERAIS

As nuvens de Minas são velhas montanhas
redondas
coalhadas
estampam de onça o céu de BH
ou grávidas de igrejas
recostadas nas ladeiras de Ouro Preto

TAI CHI CHUAN

6:30 da manhã
envolto em tule
o Itaim-Bibi

TERESÓPOLIS

cheiro de cedro
após a sauna
nuvens no céu
nuvens na alma

IMPOSSIBILIDADES

Viver suspensa nas nuvens
pôr nas nuvens o meu amor
e nunca mais cair das nuvens

POETA

Histérica e tanto alarde faz sempre do desejo
que é curioso que o maior seja segredo
no quadro do hospital anos 50 a enfermeira faz psiu!

anônima a velha pasta de elástico na última prateleira da estante
papéis sebosos, muitas vezes traídos
a pasta destripada no lixo
a cena completa
as juras
nunca mais
a porta que bate definitiva

outro dia e o clandestino vem à tona
levanta a cabeça
e outra pasta vem ocupar o lugar daquela
que sofrida sei de cor

mostrar a quem hei de?
vai que algum amigo leia os versos poucos
e deles só prestam mesmo uns quatro ou cinco
e diga
parece Adélia
diluidora vagabunda me mato
e a revolta?
afinal não é tudo que parece Adélia
da outra, a Hilst, nem é bom falar
ou Orides

praga
que a minha inveja é só de mulher e absinto
pra eu beber em cálice
homem pra mim é sempre muso

o pterodáctilo me agarra pelo pescoço e lá vou eu
de joelhos pego a caneta e abro os elásticos
sutiã e cinta-liga
renda negra e chicote
um por um
devagar
pegar com a mão e mexer
pela centésima milionésima vez
muda o verbo
troca o ritmo
pra ficar igual ao que era
da última vez que eu mudei

YEMANJÁ

A catedral submersa
cintila em camadas
caneca de vidro
monocromática prata

as praias de luz
o fulgor dos seus ouros
bolo de espuma
e escama dourada

prodigiosa e temível mãe
leito nupcial de água-doce e sal
as mãos cheirando a peixe
ouriço-do-mar derrama sua ira
espuma polêmica
ferida

DESCOBRIMENTO

eu venho há tempos topando com sinais
ervas compridas a que os mareantes chamam botelho
e outras que mui propriamente em se tratando de ti
são conhecidas como rabo d'asnos

hoje a horas das vésperas
avistei aves a que chamam farabuchos
a tua terra firme parece mesmo aproximar-se

tremeu o chão que Maomé pisa com esses pés insones
e as lembranças como cheiro de comida
invadiram a sala

O HOMEM DO MAR

O homem do mar era uma construção serena
peixe fresco
corda
alcatrão
e a lembrança de velhos poderes imperiais no Canal

O nosso foi um fogo que queimou sem nos queimar
morreu na praia
estátuas silenciosas de sal
virávamos páginas em branco
a velha pergunta transbordando sempre
de cada livro no alto da biblioteca de alto preço
de cada escultura construída no além-mar

O mau fado me deixou a ver navios
ressaca impronunciável e alheia
falsas falésias
falácias
enseada escura
e canoa furada

PISCIANO

Minha irmã acreditava no diabo
eu não
ela dizia que a gente não acreditar nele
é a sua maior obra

Perguntei pro Lippi se ele achava
que o diabo existe

Se o nome diabo existe
então existe o diabo.

Homem pré-tomista assim é até covardia
Ah! se arrependimento matasse
minha filha

SAGITARIANA

> "Qui trop embrasse,
> mal étreint."

Parar
de fazer mil coisas ao mesmo tempo
de bater de encontro às coisas
de encontrar elefantes dentro das lojas

Sou de porcelana

RESSACA

eu bebo até me acabar
depois eu acordo no meio da noite
olhos arregalados de culpa

aí eu faço como minha irmã me ensinou
aperto o ponto número 4 do intestino grosso
e digo
senhor, derrama sobre mim tua paz
que excede a todo conhecimento

O HOMEM RICO

Além das uvas estarem verdes
ele era velho demais pra mim

BROCHADA

por dentro me desce uma calma
fria como um véu
no fundo eu sei que a culpa é minha
a grande castradora
escondida atrás da escada
tesourinha afiada na mão

PENETRAÇÃO NAS MARAVILHAS DA TOTALIDADE

fala mal do cinema que ainda chama nacional
acredita na ciência
na verdade única
na absoluta culpa das ex-mulheres
de todas as mulheres

em silêncio me recolho
abismo aquoso onde constelação de estrelas
se opõe perfeita a essa ingênua lua em virgem

diz que não tem amigo veado
diz
de politicamente correta basta eu

grosso
grande
urso
vem molhar essas patinhas no mel

ANALISTA

Fiódor Mikháilovitch Dostoiévski me acordou
e dentro da minha orelha gritou
que eu sou gorda e só ando com bichas

Em vez de ficar aí calado
tira de mim esse bicho agarrado no peito
aproveita e tira também
das unhas o velho esmalte descascado

Transferidaça
te odeio

MISCASTING

"So you think salvation lies in pretending?"
Paul Bowles

estou entregando o cargo
onde é que assino
retorno outros pertences
um pavilhão em ruínas
o glorioso crepúsculo na praia
e a personagem de mulher
mais Julieta que Justine
adeus ardor
adeus afrontas
estou entregando o cargo
onde é que assino

há 77 dias deixei na portaria
o remo de cativo nas galés de Argélia
uma garrafa de vodka vazia
cinco meses de luxúria
despido o luto
na esquina
um ovo
feliz ano novo
bem vindo outro
como é que abre esse champanhe
como se ri

mas o cavaleiro de espadas voltou a galope
armou a sua armadilha

cisco no olho da caolha
a sua vitória de Pirro
cidades fortificadas
mil torres
escaladas por memórias inimigas
eu, a amada
eu, a sábia
eu, a traída

agora finalmente estou renunciando ao pacto
rasgo o contrato
devolvo a fita
me vendeu gato por lebre
paródia por filme francês
a atriz coadjuvante é uma canastra
a cena da queda é o mesmo castelo de cartas
o herói chega dizendo ter perdido a chave
a barba de mais de três dias

vim devolver o homem
assino onde
o peito desse cavaleiro não é de aço
sua armadura é um galão de tinta inútil
similar paraguaio
fraco abusado
soufflé falhado e palavra fútil

seu peito de cavalheiro
é porta sem campainha
telefone que não responde
só tropeça em velhos recados
positivo
câmbio
não adianta insistir
onde não há ninguém em casa

os joelhos ainda esfolados
lambendo os dedos
procuro por compressas frias
oh céu brilhante do exílio
que terra
que tribo
produziu o Teatrinho Troll colado à minha boca
onde é que fica essa tomada
onde desliga

APÊNDICE

AS AMARGAS SIM

forasteira
erro papéis de afastamento do país
durmo em sofás e salas
aparecem raízes brancas de cabelos tintos ruivos
com o dinheiro compro livros e creme de arnica

não vejo meu pai morrer
de sofás de amigos, colchonetes
fugindo de dedos pontudos
de qualquer saguão de aeroporto
cada vez mais maluca e endividada
desilusão de dois subempregos
eu grito

do cortiço eu grito
o xadrez com a morte é sujo
e fede a mijo

cada um tem seus leões
cada um suas quitandas
cada um corta seu bolo

estapeada
a irmã grita
da casa vizinha ela grita
comandos à oficina de sevícias

a mãe grita
tapeada
barquinho velho atolado na areia
e os outros seguem folgando

ela grita
da Argentina ela grita b corta de *baca* (vaca)
debaixo do delineador preto
aparecem raízes brancas de cabelos tintos ruivos
com o dinheiro compro livros e creme de arnica

elas gritam
sem homem ou cria
elas gritam
naus que sabem onde não vão nunca chegar

elas gritam da antiga fazenda
pregos velhos e lenhas
suas soberbas pernas agora magras
descobrem sob a fantasia
a verdade que roça em nós todo dia
e o velho é espelho

eu grito
do cortiço eu sonho esparrelas
um engano por dia
fugir com o corpo pro mato
comprar vitrine higiênica
por ele num táxi pirata
mudar pra Niterói

outros da latinamérica Ex
o que restou dele
o gosto de andar de táxi

antidepressivos
prateleiras

debaixo do delineador preto luta secreta contra um
inimigo anônimo
forasteira
não vejo morrer meu pai
erro papéis de afastamento do país

durmo em sofás e salas
aparecem raízes brancas de cabelos tintos ruivos
com o dinheiro compro livros e creme de arnica

quando despedida a acompanhante
o velho agarra-se à mão dela
fechada a descida da serra
senhas distribuídas meia hora antes

pragas são jogadas ali mesmo no banco da capela, vêm do
azedume das tias solteiras, as casadas sem sexo, moças sem
rumo amoroso, rapazes tímidos, primas do interior.

Desejando, rejeitando, todos querem passar pelo corredor e
pegar o diploma. Certificados de que estão nos conformes,
nas expectativas, no protocolo.

SOU

verso ou reverso
par ou ímpar
yin ou yang
prosa ou verso
sim ou não
nunca um talvez

ENCONTRO

poço turvo, escuro
negro espaço em que me recolhi
sem me dar conta jamais
Estranha, absurda caverna
fui, sou, serei sempre
sua mais fiel, eterna
residente

[SEM TÍTULO]

Transitoriedade da alma
o que isso significa? Não sei,
deve ser que ela está aqui de passagem.
Só pode. Faz sentido.
Tem gente que vem a trabalho,
eu vim a passeio — e não gostei —
o resplandecer da alma é efêmero.

SOBRE A AUTORA

A poeta, cineasta e pesquisadora da história do cinema Hilda Machado nasceu no Rio de Janeiro em 7 de março de 1951. Fez mestrado em Artes pela Universidade de São Paulo (1987), doutorado em História Social pela Universidade Federal do Rio de Janeiro (2001), e foi professora na Universidade Federal Fluminense a partir de 2002. Estudou direção de cinema na Escuela Internacional de Cine y Televisión em Cuba (1989) e atuou como pesquisadora em várias universidades e instituições no Brasil e no exterior, como a New York University (1993) e a University of London (1998-1999). Em 1987 recebeu o prêmio de melhor direção nos festivais de cinema de Gramado, Recife e Rio de Janeiro pelo curta-metragem *Joílson marcou*, com trilha sonora de Itamar Assumpção. Além de vários artigos e ensaios sobre cinema, publicou em 2002 o livro *Laurinda Santos Lobo: artistas, mecenas e outros marginais em Santa Teresa* (Rio de Janeiro, Casa da Palavra, 2002). Hilda Machado morreu em São Paulo no dia 2 de setembro de 2007. O livro de poemas *Nuvens*, organizado pela autora e datado de julho de 1997, permaneceu inédito até 2018; com esta publicação, recebeu o Prêmio Jabuti de Poesia no ano seguinte.

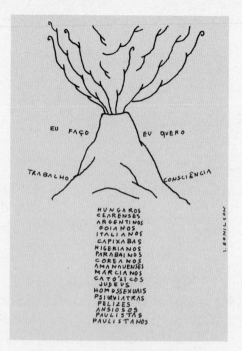

Leonilson (1957, Fortaleza - 1993, São Paulo)
São Paulo não é nenhuma Brastemp, 1992
Tinta de caneta permanente sobre papel, 18 x 12,5 cm
Foto: Eduardo Ortega / © Projeto Leonilson

Este livro foi composto em Sabon, pela Bracher & Malta, com CTP da New Print e impressão da Graphium em papel Pólen Natural 80 g/m² da Cia. Suzano de Papel e Celulose para a Editora 34, em maio de 2022.